D1686655

Asperg
in alten Ansichten

von
Theodor Bolay

Europäische Bibliothek - Zaltbommel/Niederlande MCMLXXX

ISBN 90 288 0159 6

Im Verlag Europäische Bibliothek in Zaltbommel/Niederlande erscheint seit Jahren unter anderem die nachfolgende Reihe:

IN ALTEN ANSICHTEN, *eine Buchreihe in der festgelegt wird wie eine bestimmte Gemeinde zu 'Großvaters Zeiten', das heißt in der Zeit zwischen 1880 und 1925, aussah. In dieser Reihe sind bisher in etwa dreihundert Einzelbänden Gemeinden und Städte der Bundesrepublik dargestellt worden. Es ist geplant, diese Reihe fortzusetzen. Unter dem Titel 'In oude ansichten' sind bisher etwa eintausend Bände über Städte und Dörfer in den Niederlanden erschienen. In Belgien ist die Buchreihe mit 'In oude prentkaarten' beziehungsweise 'En cartes postales anciennes' betitelt und umfaßt dreihundertfünfzig Bände. Weitere einhundertfünfundzwanzig Bände beschreiben Gemeinden und Städte in Frankreich, und zwar in der Buchreihe 'En cartes postales anciennes'.*

Näheres über die erschienenen und geplanten Bände der verschiedenen Buchreihen erhalten Sie bei Ihrem Buchhändler oder direkt beim Verleger.

Dieses Buch wurde durch den grafischen Betrieb De Steigerpoort in Zaltbommel/Niederlande gedruckt.

EINLEITUNG

Wie ein Riese aus grauer Vorzeit steht der 356 Meter hohe Hohenasperg inmitten des fruchtbaren 'Langen Feldes'. Er ist ein Gipskeuperhügel, ein Zeugenberg, der übrig blieb aus der Keuperdecke, die einst das Neckarland bedeckte. Weit geht der Blick hinaus in die Lande, kein Wunder, wenn der Berg schon in vor- und frühgeschichtlicher Zeit als Fliehburg und Fürstensitz Bedeutung erlangte. Das 'Kleinaspergle', das auf der Anhöhe südlich der Stadt heute noch zu sehen ist, ist ein Fürstengrab aus der Zeit des 5. Jahrhunderts vor Christi. Auch der Grabhügel 'Grafenbühl', der im Jahr 1964 erforscht wurde, gehört zu dieser Hügelgruppe.

Als um 500 nach Christi die Franken die Alemannen südwärts drängten, wurde der Berg ein fränkischer Herrensitz, Sitz eines Gaugrafen, dem auch das Gaugericht unterstand. Damals dürfte am Fuße des Berges eine alemannische Siedlung vorhanden gewesen sein. Im Jahr 819 und im Jahr 902 schenkten fränkische Gaugrafen ihren Asperger Besitz dem Kloster Weißenburg in Elsaß. Im 11. Jahrhundert gelangte der Glemsgau an einen Grafen von Ingersheim-Calw. Dieser erbaute auf dem Berge eine Burg mit Wohnhaus, Kapelle und Bergfried. Von diesen Grafen gelangten dann Berg und Burg als Lehen in den Besitz der Pfalzgrafen von Tübingen, die den Weißenburger Besitz innehatten. Ein Enkel des Pfalzgrafen Hugo III., Graf Wilhelm, gründete 1220 die Seitenlinie der 'Grafen von Asperg'. In diese Zeit dürfte die Gründung des Städtchens auf dem Berge anzusetzen sein, denn schon im Jahr 1304 wird das Bergstädtchen mit 'Civitas' bezeichnet und es wohnten darin ungefähr einhundertdrei Einwohner. Ein Urenkel dieses Stifters, Graf Ulrich III., verkaufte 1308 Burg und Stadt an seinen Oheim, den Grafen von Württemberg. Und seit dieser Zeit ist Asperg württembergisch.

Im August des Jahres 1360 war die Burg von Pfalzgraf Rupprecht belagert worden und am 25. September 1381 bestätigte der Kaiser den Wiederaufbau der Asperger Burg. Diese neue Burganlage bestand aus dem Schloß, umgeben von hohen Türmen und einem breiten Graben. Daneben lag die schon erwähnte Stadt, sie besaß besondere Freiheiten, Privilegien und seit dem Jahre 1510 sogar ein Stadtrecht. In die Zeit Herzog Ulrichs fällt die Belagerung des Berges durch die Truppen des Schwäbischen Bundes. Am 25. Mai 1519 zog der Kommandant nach ehrenvoller Kapitulation vom Berge und fünfzehn Jahre lang waren nun die Kaiserlichen Herren auf Hohenasperg. Erst im Juni 1534 gelangte der Herzog wieder in den Besitz des Hohenasperges. Alsbald ließ er die Burganlage zur Festung ausbauen und die Bewohner des Bergstädtchens wurden nach 'Weihenberg' am Fuße des Berges umgesiedelt, das nun den Namen 'Unterasperg' erhielt und auch die Stadtgerechtigkeit innehatte. Um diese Zeit wurde die Reformation eingeführt und eine Volksschule ins Leben gerufen.

Zur Zeit des Schmalkaldischen Krieges wurde die

Feste am 12. Februar 1547 den Kaiserlichen übergeben und für sechs Jahre waren Spanier Herren auf der Feste und im Land um den Asperg. 1557 erhielt Asperg erstmals eine evangelische Kirche, die heutige Michaelskirche. Im Jahr 1594 wurde ein neues Rathaus gebaut und im Jahr 1608 zählte man in Asperg dreiundachtzig Bürger. Die schlimmste Zeit brach über Unterasperg herein, als von August 1634 bis Juli 1635 der Hohenasperg im Dreißigjährigen Kriege von den Kaiserlichen belagert wurde, und kurz vor Ende des Krieges zerstörte eine gewaltige Feuersbrunst einen Großteil der wieder aufgebauten Häuser. Im Jahr 1688 und 1693 waren Franzosen, Melacs Scharen, im Besitze der Burg und erst danach kehrten friedlicher Zustände auf dem Berge und im Städtchen ein.

Im Jahre 1653 wurde dann anstelle des abgebrannten Rathauses beschlossen, ein neues zu bauen und im Jahr 1656 wurde den Aspergern ein Jahrmarkt, auf Jakobi fällig, genehmigt. Neue Sorgen und Nöte für die Stadt verursachte die Gründung von Ludwigsburg im Jahr 1714. Auf Wunsch des Herzogs sollte die neue Residenz mit einem eigenen Amte verbunden werden, das aus Gemeinden des bisherigen Amtes Asperg und des Amtes Markgröningen gebildet wurde. Zwar setzten sich die Asperger gegen dieses Vorhaben Jahrzehnte hindurch zur Wehr, aber sie mußten endlich erkennen, daß man im Zeitalter absoluter Fürstengewalt nicht nach Recht und Gerechtigkeit verfuhr.

Erst 1875 wurde Asperg wieder zur 'Stadt' erhoben, und in der Erneuerung vom 6. Dezember 1875 steht am Schluß geschrieben: *So ist es nur die Wiederherstellung des alten Rechtes, wenn der gewerbsamen Gemeinde Asperg, welche in neuerer Zeit einen erheblichen Aufschwung genommen hat, das Prädikat einer Stadt wieder verliehen worden ist.*

Zu Beginn des 19. Jahrhunderts bot Asperg das Bild einer ländlichen Bauern- und Weingärtnersiedlung. Im Ort selbst arbeiteten Handwerker, von denen ein jeder über eigene Grundstücke verfügte und auch einen kleinen Viehbestand sein eigen nannte. Einziger Industriezweig war die Gipsgewinnung. Nachdem im Oktober 1846 die neuerbaute Eisenbahnstrecke von Cannstatt bis Ludwigsburg in Betrieb genommen worden war, wurde die Weiterführung der Strecke alsbald in Angriff genommen und im Juli 1848 konnte bereits das Teilstück Ludwigsburg-Bietigheim dem Verkehr übergeben werden. Im Laufe der nächsten Jahrzehnte wurden immer neue Siedlungsgebiete erschlossen, die Bahnhofstraße gebaut und das alte Stadtgebiet in Richtung Bahnhof ausgeweitet. Aus einem handwerklichen Kleinbetrieb heraus entwickelte sich allmählich die erste württembergische Eisschrankfabrik, die heute unter dem Namen 'Eisfink' weltbekannt ist. Aus kleinen Anfängen heraus entwickelte sich auch eine Möbelindustrie und auch die früheren beiden Ölmühlen hatten einen guten Kundenkreis unter den Bauern der benachbarten Dörfer. Die benachbarten

Industrien in Ludwigsburg, Kornwestheim und Feuerbach boten vielen Aspergern Arbeit und Verdienst, so daß aus dem ehemaligen Bauern- und Weingärtnerstädtchen mehr und mehr eine Arbeiterwohngemeinde wurde und erst nach dem Ersten und besonders nach dem Zweiten Weltkrieg wurden neue Industrien am Ort selbst angesiedelt, so daß weniger Pendler gegenüber früher zu verzeichnen sind.

Am 22. Mai 1854 wurde von der Kasernenverwaltung Hohenasperg und dem Gemeinderat und Bürgerausschuß von Asperg ein Verhandlungsprotokoll über die Vereinigung der bisherigen Teilgemeinde Hohenasperg mit Asperg verfaßt, dessen 1. Punkt lautete: *Die Festung Hohen Asperg bildet im Sinne des Art. b des Gesetzes vom 7. September 1853 eine Theilgemeinde mit eigener juristischer Persönlichkeit*, und im Punkt 3 heißt es: *Ein Anwalt ist für die Parzelle Hohenasperg nicht zu bestellen, vielmehr tritt in allen gesetzlich geeigneten Fällen die Thätigkeit des Schultheißen zu Asperg zu.* Und seit dieser Zeit gehört der Hohenasperg zur Stadt Asperg.

Nach dem Zweiten Weltkrieg wurden mehr als 2 500 Wohnungen gebaut und nahezu 12 000 Menschen sind hier wohnhaft. Trotz der nahen Kreisstadt sind sie mit allem versorgt, was die Lebensqualität einer Kleinstadt heute ausmacht: mit Stadthalle und Schwimmbad, einem schön gelegenen Freibad, einer modernen Rundsporthalle und einem Schulzentrum mit Gymnasium. Ein Partnerschaftsverhältnis verbindet Asperg mit der Stadt Lure in Frankreich und Freizeiteinrichtungen dienen der Bevölkerung. Am Osterholz wurde ein neues Industriegebiet erschlossen, so daß 2 500 Arbeitsplätze heute zur Verfügung stehen. 3 000 Auspendlern stehen 1 000 Einpendler gegenüber und die Nähe der Bundesautobahn bedeutet eine Steigerung des örtlichen und überörtlichen Verkehrs. So ist Asperg im Raum von Groß-Stuttgart zu einem bedeutenden Fremdenverkehrsort, dank des Hohenaspergs, geworden und die zahlreichen Gasthöfe sorgen für das leibliche Wohl der Besucher aufs beste.

Dieses Bildbändchen will ein Bild Aspergs und des Asperger Lebens um die Jahrhundertwende bieten und ich danke allen, die ihre Bilder zur Verfügung stellten, sowie Herrn Heinz vom Bürgermeisteramt Asperg für seine Unterstützung.

Literaturhinweis:

Theodor Bolay, Chronik der Stadt Asperg, 1978. Verlag Peter Krug, 712 Bietigheim-Bissingen.
Theodor Bolay, Der Hohenasperg – Vergangenheit und Gegenwart, 1972, zweite Auflage. Verlag Peter Krug, 712 Bietigheim-Bissingen.

Gruss aus Asperg. Hohen Asperg.

Asperg, Totalansicht vom Hohen Asperg aus gesehen.

1. Auf dem oberen Bildstreifen sehen wir im Vordergrund den 'See' mit Weiden umgeben. Im Jahr 1869 wurde dem Hirschwirt Kauffmann gestattet, östlich des Sees eine Eishütte zu erstellen. Die Reinigung des Sees hatte er auf seine Kosten besorgen zu lassen. Das nach Verordnung der Ärzte für hiesige Kranke erforderliche Eis hatte Kauffmann unentgeldlich abzugeben. Heute ist anstelle des Sees die Seestraße angelegt.
Auf dem unteren Bildstreifen sehen wir die Gegend um die Michaelskirche. Zur Linken ist das Pfarrhaus ersichtlich, dahinter das Rathaus mit dem Türmchen. Auf der linken Bildhälfte ist am Horizont das 'Kleinaspergle', ein Fürstengrab aus der Hallstattzeit, zu erkennen.

2. Die ehemalige herrschaftliche Zehntscheuer am Kelterplatz. *Mit hoher Genehmigung der K. Oberfinanz Cammer Abteilung für Domänen, vom 14. Januar 1858 Nr. 157 verkauft das K. Kameralamt Ludwigsburg die Herrschaftliche Zehntscheuer in Asperg zwischen dem Keltern Platz stehend mit 1 Then und 2 Barn. Der Flächengehalt beträgt bei der Scheur 21,4 Ruthen, der Hofraum 2,7 Ruthen, zusammen 24,1 Ruthen, an Rudolph Wiedmaier in Asperg um 745 Gulden...*

3. Ansichtskarte aus der Zeit um 1905. Zu sehen ist die Hauptdurchgangsstraße von Stuttgart über den Asperger Sattel ins Unterland. Von dieser Straße zweigt beim Rathaus links die Straße nach Markgröningen-Pforzheim, rechts die Straße zum Bahnhof ab. Die Häuser im Vordergrund rechts stehen an der Straße nach Eglosheim-Ludwigsburg.

Asperg mit Hohenasperg.

4. Eine Stadtansicht mit dem Hohenasperg aus der Zeit vor dem Ersten Weltkrieg! Noch bietet die Ansicht das Bild eines in sich geschlossenen Stadtwesens, umgeben von einem Kranz von Obstbäumen und Rebenhängen. Rechts von der Kirche ist die Anlage der Eisschrankfabrik Fink gerade noch sichtbar.

5. Im September 1885 hatte die Stadt Asperg 31,50 Ar in der Flur 'Hutwiesen' der Zuchthausdirektion Ludwigsburg käuflich überlassen, im Zusammenhang mit der geplanten Ausführung des Baues einer Wasserleitung für Hohenasperg. Im Sommer 1887 wurde dann mit den Bauarbeiten begonnen. Aus dieser Zeit stammt die Pumpstation, die im Jahr 1966 abgebrochen wurde.

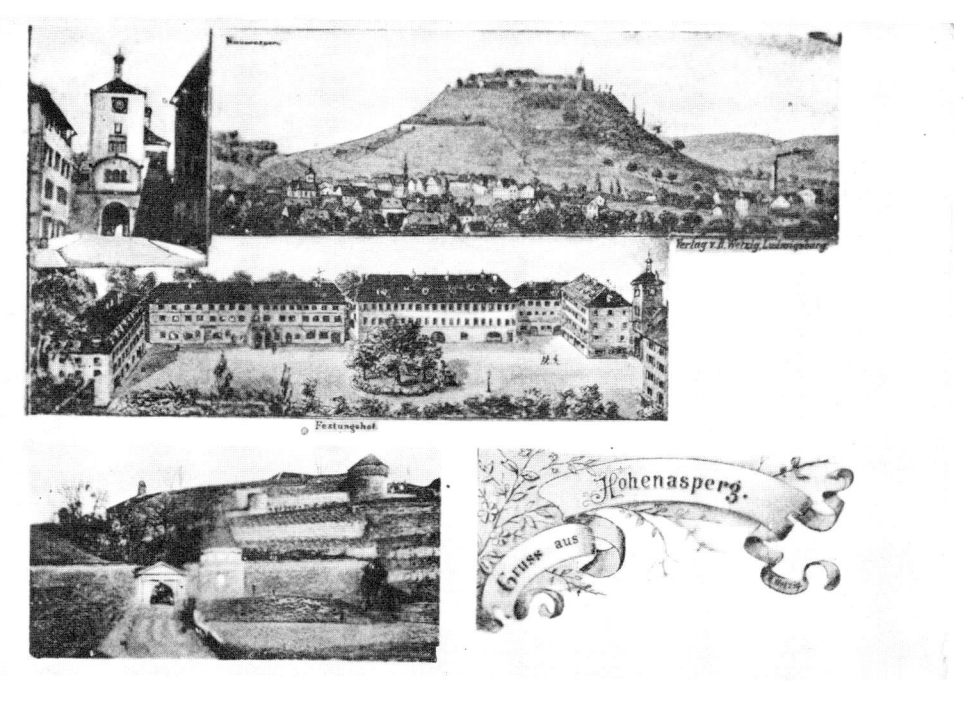

6. Im Jahre 1847 war die Bahnlinie Ludwigsburg-Bietigheim eröffnet worden. Es war notwendig, daß vom Städtchen Asperg zur Bahnstation, die außerhalb lag, eine Wegverbindung hergestellt wurde. Der Gemeinderat beschloß daher, das bisherige Vorrainweglein zur Bahnhofstraße auszubauen. Auf der Postkarte, aus der Zeit vor dem Ersten Weltkrieg, ist ersichtlich, daß sich bis zu dieser Zeit der Ausbau der Bahnhofstraße nur langsam vollzogen hat und daß auf der Karte noch eine deutliche Baulücke links von der rechts am Bildrand zu sehenden Gipsfabrik mit ihrem hohen Schornstein zu erkennen ist. Der innere Festungshof gewährt die Ansicht vom Spital- und Kommandantenbau, dem Kellereibau zur Rechten und dem Arsenalgebäude zur Linken. In der Mitte die Grünanlage mit der 'Juristischen Linde'.

7. Diese Postkarte stammt aus der Zeit um die Jahrhundertwende. Links oben sehen wir den Marktplatz mit dem Rathaus vor seinem Umbau, dahinter die Schmiede, dann ein Geschäftshaus und das Gasthaus 'Zur Krone'. Die Königstraße rechts führt zum Hohenasperg. Das Kaufhaus Hiller war, wie es damals üblich war, ein Gemischtwarengeschäft, in dem man alles für den täglichen Gebrauch Notwendig kaufen konnte. Rechts davon die Kirche St. Michael mit dem Schneckenturm aus der Zeit um 1607. Unten sehen wir ins Innere der damaligen Kirche mit der Kanzel und der Empore auf der die Orgel ein Unterkommen gefunden hatte. Die Gesamtansicht zeigt rechts unter den Pappeln und Weiden den früheren See.

HOHENASPERG   Unteres Tor mit Pulverturm

8. Am 23. März 1906 wurde mit den Bauarbeiten der genehmigten Wasserleitung begonnen und sämtliche Arbeiten waren im September beendet. Die Maschinenanlage war in der Pumpstation im 'Altach' eingerichtet. Der Quellschacht lag in 239 Metern, der Hochbehälter, auf dem Bilde als Turm vor dem Löwentor erkenntlich, 318,80 Meter über dem Meeresspiegel.

9. Die Maschinenanlage in der Pumpstation im 'Altach' bestand in einer kombinierten Sauggasanlage und einem zwanzigpferdigen Motor, die von der Firma G. Kuhn in Verein mit der Maschinenfabrik Eßlingen geliefert worden war. Die Pumpe lieferte in der Sekunde dreizehn Liter Wasser. Auf dem Bilde sehen wir Pumpenwärter Kammerer bei seiner Arbeit kurz nach Eröffnung der Anlage, nach 1906.

10. Nachdem im Laufe des Frühjahrs und Sommers 1906 die Bauarbeiten für die Wasserleitung abgeschlossen waren, wurde am 6. Oktober 1906 ein Wasserfest abgehalten, das noch lange bei der Bevölkerung in Erinnerung blieb. Hier sehen wir den Festzug in der Schillerstraße.

11. Zahlreiche Festwagen schmückten den Festzug anläßlich des Wasserfestes im Jahr 1906. Auf dem Bild sehen wir einen Vierer-Ochsenzug des Landwirtschaftlichen Vereins und zahlreiche Festteilnehmer aus nah und fern.

12. Nach Einrichtung der Wasserleitung wurde bei der Freiwilligen Feuerwehr Asperg im Jahr 1908 ein Hydrantenzug gebildet, dessen Mannschaft sich aus einem Zugführer, drei Abteilungsführern und dreißig Mann bildete. Die Aufnahme stammt aus der Zeit um 1930.

13. Diese Postkarte aus der Zeit um 1910 zeigt den damaligen Marktplatz mit Rathaus, Gastwirtschaft 'Zur Krone' und rechts die Königstraße mit dem Gasthaus 'Hirsch', dem ehemaligen 'Großhof'. Das linke Gebäude am Straßeneck mußte einem Neubau weichen. Das mittlere Bild zeigt den Hohenasperg, etwas überhöht, wie es damals üblich war, mit dem darunter liegenden Städtchen. Das untere Bild zeigt den Aufgang zur Festung durch das Löwentor. Links an der Festungsmauer das ehemalige Wassertor, rechts der Pulverturm.

14. Am 26. Januar 1905 berichtete das Gemeinderatsprotokoll: 'Der 'Turnverein Asperg e.V.' beabsichtigt im Laufe dieses Frühjahrs in der Seewette beim alten Schulhaus auf einem erkauften Grundstück eine Turnhalle zu erbauen.' Die Kollegien beschlossen dem Turnverein einen Beitrag von 2 500 Mark zu erteilen. Der Bau konnte erfolgen und schon am 16. Juli 1905 konnte die neuerbaute Turnhalle festlich eingeweiht und ihrer Bestimmung übergeben werden. In der Folgezeit wurde sie etwas erweitert, heute steht sie nicht mehr, da neuere Turnhallen erbaut wurden.

15. Nachdem am 15. Juni 1901 Dr. med. Emil Ludwig zum Stadtarzt gewählt wurde und als solcher seinen Wohnsitz in Asperg zu nehmen hatte und die Stelle spätestens am 15. Juli anzutreten hatte, war es für ihn notwendig geworden im Laufe der Jahre ein Eigenheim zu erstellen. Dies erfolgte im Jahr 1906 und das damals erstellte Haus steht bis heute noch in ursprünglicher Form, ohne daß äußerlich irgendwelche Veränderung vor sich gegangen war und spiegelt somit die Bauweise kurz nach der Jahrhundertwende.

Aeussere Bahnhofstrasse.

Gruss aus Asperg.

Bahnhof.

16. Der Bahnhofneubau wurde zwischen 1912 und 1914 durchgeführt. Am 22. April 1914 konnte das Bahnhofgebäude dem öffentlichen Verkehr übergeben werden, nachdem bereits der Güterschuppen ein Jahr zuvor in Betrieb genommen worden war.

Gruß aus Asperg

Gem. Warengeschäft von Gotthilf Langjahr

Bahnhof Asperg

17. Gesamtansicht von Asperg vor dem Ersten Weltkrieg. Noch ist die Bahnhofstraße nicht ganz ausgebaut, die Bahnhofvorstadt ist nur durch eine Häuserreihe mit dem Städtchen verbunden. Im Vordergrund links sehen wir anstelle des früheren Sees einen Auffüllplatz, auf dem anfangs der zwanziger Jahre ein Schulgebäude errichtet wurde. Das neue Bahnhofgebäude, das im Jahr 1913/1914 neu erstellt wurde, barg in seiner linken Hälfte im Erdgeschoß das Asperger Postamt. Im ersten Stock waren die Wohnungen von Bahn- und Postbeamten.

18. Nach Fertigstellung der Unterführung und der Gleisanlagen, sowie des neuen Bahnhofgebäudes, konnte 1914 der gesamte Anlage in Betrieb genommen werden.

19. Wie dankbar war früher der Wanderer oder Fußreisende, wenn er am Straßenrand eine Gaststätte fand, um seinen Durst zu stillen! So war außerhalb des damaligen Stadtkerns, an der Straße von Asperg nach Eglosheim-Ludwigsburg, das Gasthaus 'Zur Linde', das zur Einkehr lockte. Das Bild stammt aus dem Jahr 1908.

20. In der Lokalpresse war 1914 folgende Anzeige zu lesen: *Einladung. Wanderlustige Damen und Herren, die sich einem Touristen-Verein anschließen wollen, sind freundlich eingeladen, Freitag, den 15. Mai abends 8 Uhr im Lokal 'Bären' zu erscheinen, wo die Gründung einer Ortsgruppe des Touristen-Vereins 'Die Naturfreunde, Gau Schwaben' vorgenommen wird.* Aber bald nach der Gründung machte der Erste Weltkrieg das Vereinsleben zunichte. Nach Beendigung desselben wurde wieder ein neuer Anfang gemacht und eine Musikgruppe schloß sich dem Verein an. Auf zahlreichen Wanderungen schlossen sich die Mitglieder zusammen und das Bild zeigt die Wandergruppe auf einer Rast am Wege 1930.

21. Als am 2. August 1914 die Mobilmachung angeordnet worden war, hatte der Erste Weltkrieg begonnen. Vom dritten Mobilmachungstage an war in der Stadt für mindestens eine Woche Einquartierung. Dies war für Stadtpfarrer Herwig der Anlaß, am Sonntag, den 9. August, statt der vormittägigen Sonntagsfeier in der Kirche einen Feldgottesdienst um halb zwölf auf dem Marktplatz zu halten, wo sich die gesamte Mannschaft mit einem Teil Gemeindeangehöriger zusammenfand, den ganzen Raum bis zu den einmündenden Straßen, der Schulstraße und der Markgröningerstraße hin einnehmend. *Die so geschmackvoll erstellte Kanzel war der Güte des Herrn Fabrikant Fink, der reiche sie umgebende Pflanzenschmuck, der des Herrn Gärtner Gauß zu verdanken. Der Text für den auf diesen Sonntag angesetzten Landesbußtag bildete das Wort aus Hebräer 4 V. 16.*

22. Postkarte aus der Zeit zwischen 1910 und 1920. Die Bahnhofstraße bietet noch ein ländlich idyllisches Bild. Zur Linken eine Bäckerei.

23. Das ehemalige Gasthaus 'Zum Ochsen', Ecke Markgröningerstraße und Brunnenstraße, das im Februar 1963 abgebrochen wurde, wird bereits in der Bürgermeisterrechnung 1801/1802 wie folgt erwähnt: *Den 6. Januar 1801 wurden zwei herzogliche Fußgänger hierher gelegt, um auf das Gehög Acht zu haben und wurde in die beiden Gastherbergen zum Hirsch und Ochsen einquartiert.*

24. Die Königstraße in Asperg mit dem Gasthaus 'Zum Hirsch', dem ehemalige 'Großhof' der württembergischen Herrschaft. Die Aufnahme stammt aus den zwanziger Jahren.

25. Das Gasthaus 'Mohren' an der Markgröningerstraße, der früheren Durchgangsstraße. Rechts des Gasthauses ein Blick in die Wettestraße, die anstelle der früheren 'Wette' (einer 'Schwemme') angelegt wurde. Im Hintergrund die Michaelskirche, die auf das Jahr 1557 zurückgeht. Die Aufnahme stammt aus der Zeit nach dem Ersten Weltkrieg.

26. An der Markgröningerstraße befindet sich das Gasthaus 'Zum Lamm', das kurz nach dem Dreißigjährigen Krieg erstellt wurde. Daneben das Gasthaus 'Schwanen'. Im Hintergrund das Rathaus, erkenntlich an seinem Türmchen.

27. Das Gebiet um den Marktplatz ist gekennzeichnet durch das Rathaus, das in seinem ältesten Teil in die Zeit um 1655/1656 zurückreicht. In der Zwischenzeit wurde es mehrmals umgebaut und erweitert. Das Haus nebenan, mit dem Wappenschild über der Türe, mußte städtischen Erweiterungsbauten weichen. Die Aufnahme stammt noch aus der Zeit nach dem Ersten Weltkrieg.

28. Der Marktplatz in Asperg mit dem Rathaus und dem Gasthaus 'Krone', wie er noch in den zwanziger Jahren ausgesehen hat.

29. Das alte Asperg, wie es nach dem Ersten Weltkrieg vom Hohenasperg aus zu sehen war. Der Turm der Michaelskirche beherrschte das ganze Stadtbild. Zahlreiche Häuser mit ihren Satteldächern schlossen sich an und gewährleisteten so ein in sich ausgeglichenes Stadtbild. Im Hintergrund sind die weiten fruchtbaren Gefilde des 'Langen Feldes', eines Teils des 'Strohgäus' sichtbar.

30. So sah einst das Gelände hinter dem Weiß'schen Haus und dem Steinbruch im Lehenweg aus. Dies war zugleich auch das Ende des einstigen Asperger Städtchens. Nach dem Zweiten Weltkrieg wurde der Durchbruch der Lehenstraße zur Königstraße durchgeführt und die Häuser mußten der Spitzhacke weichen.

31. In Asperg hatte sich ein 'Kraftsportverein' gebildet, von dem am 23. Juni 1914 berichtet wurde, daß bei den nationalen athletischen Wettkämpfen des Sportvereins 'Olympia-Münster' im Steinstoßen A. Seitz-Asperg den dritten Platz und K. Berner einen sechsten Preis errungen hatten. Vom 19. bis 20. Juni 1921 konnte der Verein seine Fahnenweihe, verbunden mit einem nationalen Wettstreit, festlich begehen. Zur Erinnerung an diese Tage wurde obiges Bild aufgenommen.

32. Anläßlich der Fahnenweihe veranstaltete der Kraftsportverein festliche Tage vom 19. bis 20. Juni 1921, wobei auch Festdamen im Festzug zu sehen waren.

33. Von den aktiven Mitgliedern des Turnvereins 'Jahn' wurden anläßlich der Fahnenweihe am 25. Juni 1922 Pyramiden aufgebaut, die bei den Zuschauern lebhaften Beifall auslösten.

34. Hermann Schäfer, geboren 1898, war der kleinste aktive Turner im Arbeiter-Turn- und Sportbund. Er war 1922 bei der Fahnenweihe des Turnvereins 'Jahn' vierundzwanzig Jahre alt, siebenundzwanzig Kilo schwer, vierundneunzig Zentimeter groß und beteiligte sich auch sonst an vielen sportlichen Veranstaltungen. Er starb im Alter von siebzig Jahren im Jahr 1968.

35. Aus Anlaß des 25jährigen Jubiläums des Turnvereins im Jahr 1921 fanden auf dem Platz vor der Turnhalle Freiübungen statt unter Leitung von Turnwart Hermann Michelfelder. Das Bild zeigt die Hauptprobe zu dieser festlichen Veranstaltung.

Zur Erinnerung an unsere Fahnenweihe am 25. Juni 1922.
Turnverein „Jahn" Asperg.

36. Von herrlichsten Wetter begünstigt beging am 25. Juni 1922 der Turnverein 'Jahn' seine Fahnenweihe. Am Sonntag früh um fünf Uhr begrüßten Böllerschüsse und die Tagwacht der Feuerwehrkapelle und Trommler den Festtag. Nach Aufstellung des Festzuges begann um zwei Uhr der Zug vom Bahnhofplatz zum Festplatz sich in Bewegung zu setzen. Etwa vierundzwanzig Vereine hatten sich daran beteiligt. Nach Begrüßungsworten des Vorstandes Wild und des Vertreters der Stadt, Stadtschultheiß Käser, sprach Brauch-Zuffenhausen über Zweck und Ziele der Arbeiterturnbewegung. Nach Enthüllung der Fahne überreichte Anna Wild ein von den Festjungfrauen gestiftetes Fahnenband. Anschließend folgten dann turnerische Vorführungen verschiedenster Art und nach Einbruch der Dunkelheit bildeten auf dem elektrisch beleuchteten Festplatz gut aufgebaute Pyramiden mit bengalischer Beleuchtung den Abschluß dieser festlichen Veranstaltung.

37. Festzug aus Anlaß der Verschmelzungsversammlung am 11. November 1926 der beiden Vereine: Turnverein 'Jahn' Asperg E.V. (Mitglied des Arbeiters-Turn- und Sportbundes), und des 'Kraftsportvereins Asperg' (Mitglied des Arbeiter-Athletenbundes) zum 'Verein für Leibesübungen E.V. Asperg'.

38. Nach dem Ersten Weltkrieg lebte das sportliche Leben wieder auf. Auch der Fußball hielt seinen Einzug in Asperg. Der 'Verein für Leibesübungen' im 'Arbeiter Turn- und Sportbund' war der erste Verein, der eine Fußballabteilung aufweisen konnte. Auf dem Bild ist die Mannschaft von Weil im Dorf in der hinteren Reihe und in der vorderen Reihe die Asperger Mannschaft zu sehen, anläßlich eines Freundschaftsspieles 1921. Die Teilnehmer von Asperg, von links nach rechts: W. Dommer, G. Vaihinger, H. Burkhardt, W. Uhl, E. Weissert, E. Schad, W. Döbele, H. Rost, E. Weissert, A. Uhl und W. Rost.

39. Im Juli 1924 wurde im Gemeinderat über die Benützung des Sportplatzes im Rieth durch die neu gegründete 'Spielvereinigung Asperg' verhandelt. Die Spielvereinigung, welche sich ausschließlich dem Fußball widmete, zählte bereits dreißig Mitglieder. Es wurde bestimmt, dem Verein die Benützung des Platzes an einem Tage in der Woche zu überlassen, an Sonntagen aber abwechselnd mit andern Vereinen. Auf dem Bild die 'Gründer-Mannschaft'. Stehend von links nach rechts: A. Müller, H. Burkhardt, R. Müller, A. Burkhardt, E. Kottusch, W. Burkhardt, K. Wolf und W. Pingel. Sitzend von links nach rechts: E. Burkhardt, E. Häberle und A. Uhl.

40. Im Jahr 1926 wurde ein Rasenplatz südlich der Eglosheimstraße den beiden Vereinen zur Verfügung gestellt und das rege Interesse der Jugend gab beiden Vereinen Auftrieb. In zahlreichen Freundschaftsspielen zeigten die Spieler der 'Spielvereinigung Asperg' ihr Können, wie dies auf diesem Bild aus der Zeit um 1926 zu sehen ist.

41. Zur Erinnerung an das fünfzigjährige Jubiläum des Gesangvereins 'Liederkranz', am 13. Juni 1909, wurde diese Aufnahme gemacht. Der Gesangverein 'Asperg' wurde im September 1859 von zwanzig Männern gegründet. Bereits im Jahre 1861 konnte die erste Fahne geweiht werden; 1884 feierte der Verein seine zweite Fahnenweihe. Anläßlich des Jubiläums 1909 betonte Stadtschultheiß Kinzler in seiner Festansprache: Durch die Pflege des Gesangs habe der Verein nicht nur zur sittlichen Hebung, zu einem guten Tone in der Gemeinde überhaupt beigetragen, sondern er habe alle öffentlichen Feiern in der Gemeinde durch seine schönen und erhebenden Liedvorträge gekrönt, wofür dem 'Liederkranz' besonderer Dank und volle Anerkennung gebühre. Als Ehrengabe der Stadt überreichte er dem Verein einen prachtvollen silbernen Pokal mit entsprechender Widmung.

42. Nachdem der Steinbruchbetrieb im Gipssteinbruch an der Lehenstraße eingestellt worden war, machten sich Mitglieder des Turnvereins daran, das Gebäude des Pumpwerkes abzubrechen, um mit diesem Material ihr Vereinsheim aufzubauen. Dies geschah im Jahr 1925.

43. Bau eines Vereinsheimes durch Mitglieder des Turnvereins 'Asperg' um 1925.

44. Der Geburtsjahrgang 1892, der wenige Jahre vor Beginn des Ersten Weltkrieges gemustert worden war, hatte einen Rekrutenwagen geschmückt, der von zwei kräftigen Pferden gezogen wurde und bei der Fahrt durch die damalige Garnisonstadt Ludwigsburg große Bewunderung bei den Bewohnern der Stadt auslöste.

45. Rekruten-Jahrgang 1893. Musterung vor dem Ersten Weltkrieg!

46. Erinnerung an Übungen auf dem Truppenübungsplatz Münsingen auf der Schwäbischen Alb im Jahr 1912.

47. Im Jahre 1917 mußte sich jeder Angehörige des Jahrgangs 1900 an seinem Geburtstage in die Landsturm-Rolle eintragen lassen. Die Musterung dieses Jahrgangs im Oberamt Ludwigsburg erfolgte dann im März 1918 und zwar für die Asperger am 29. März 1918. Die Einberufung zur Truppe erfolgte einige Monate hernach. Noch hatten viele der damaligen Rekruten ihre Berufsausbildung nicht abgeschlossen, trotzdem wurden sie zum Heere einberufen. Auf dem linken Bild sehen wir, von links nach rechts: Karl Erfle, Schriftsetzerlehrling bei der Firma Wolf; Otto Bischoff, Flaschnerlehrling in Asperg, und Otto Bleyl, Bäckerlehrling bei Bäckermeister Gessmann.
Auf dem rechten Bild sehen wir Hermann Deihle und Karl Müller.

48. Der Geburtsjahrgang 1898 wurde schon Ende 1916, inmitten des Krieges, vorzeitig gemustert. Trotzdem ließ er es sich nicht nehmen, in altherkömmlicher Weise einen Rekrutenwagen auszuschmücken. Im Frühjahr 1917 wurden dann die Gemusterten und für tauglich Befundenen zum Heere eingezogen.

49. Heimkehr der Kriegsteilnehmer 1918.

50. Teilnehmer der ersten Tanzstunde nach dem Ersten Weltkrieg im Jahr 1919 im 'Hirschsaal'. Alle Jahrgänge, die über den Krieg eingezogen waren, waren dazu ebenfalls eingeladen worden.

51. Um 1912 schlossen sich einige Jugendliche zu einem Mandolinen-Club zusammen, um mit den Zupfinstrumenten Hausmusik zu pflegen und auch zur Unterhaltung im Verwandten- und Freundeskreis beizutragen. Der bald ausgebrochene Erste Weltkrieg zerstörte dieses so begrüßenswerte Unternehmen schon in den ersten Anfängen.

52. Teilnehmerinnen an einem freiwilligen Nähkurs, gehalten von Frau Krieg in der Zeit nach dem Ersten Weltkrieg.

53. Am 8. Mai 1926 feierten Gottlieb Katz und Emma, geborene Beck, ihr Hochzeitsfest. Aus diesem Anlaß begab sich die ganze Hochzeitsgesellschaft auf den Hohenasperg, um daselbst eine Aufnahme zur Erinnerung an diesen festlichen Tag anfertigen zu lassen.

54. In den zwanziger Jahren waren Vereine und Organisationen bemüht, ihre Veranstaltungen mit eigenen Kräften durchzuführen. So führten Angehörige des Jahrgangs 1900 im Jahr 1927 im 'Hirschsaal' den Schwäbischen Schwank auf: 'Lichtkarz'.

55. Die ehemalige herrschaftliche Kelter, die laut Vertrag vom 9. Oktober 1827 der Gemeinde mit allen Rechten und Lasten und unter bestimmten Bedingungen unentgeldlich überlassen wurde, vor ihrer gründlichen Instandsetzung in neuester Zeit.

56. Zur Zeit der Heuernte wird in den Weinbergen 'geheftet'. Zuvor wurden die Rebstöcke verbrochen, die zuviel gewachsenen jungen Triebe entfernt, um die gesamte Kraft den wenigen übrig gebliebenen Ruten zukommen zu lassen. Diese noch jungen nicht verholzten Triebe werden mit Stroh an die Weinbergpfähle geheftet, angebunden, um sie vor dem Knicken bei Böen und Stürmen zu schützen. Das Bild wurde im Jahr 1925 aufgenommen.

57. Bereits im Jahr 819 wird in einer Schenkungsurkunde an das Kloster Weißenburg im Elsaß zu Assesberc ein Weinberg zu zwei Carraten erwähnt und seit dieser Zeit gibt es in Asperg Weinberge. Zur Herbstzeit, zur Zeit der Lese, herrscht reges Leben in den Weinbergen und Freude und Frohsinn sind überall zu spüren, denn es gilt die kostbaren Trauben zu ernten, in die Kelter zu bringen, damit sie zu einem guten Tropfen ausgebaut werden können. Die Aufnahme stammt aus dem Jahr 1925.

58. Im Weingut Fink am Hohenasperg wird im Jahr 1930 'geherbstet'! Die Trauben, die in den Steilhalden des Hohenasperges genügend 'Öchsle Grade' erreicht haben, werden von Leserinnen geschnitten, in Eimer gelegt, damit sie der Buttenträger in seinen Butten leeren kann. Auf seinem Rücken trägt er den gefüllten Butten hinunter zum Feldzuber, der am Fuße des Weinberges auf dem Weg steht, er leert die Trauben in die Raspel, damit sie gemahlen werden. Die gemahlenen Trauben, die Maische, wird im Feldzuber in die Kelter gebracht. Nach der Kelterung erfolgt der Ausbau des Weines in Fässern in den Kellern bis zur Flaschenreife. Dann wird der Wein abgefüllt und in den Handel gebracht. Gerade die Weine aus dem Weingut 'Eisfink' in Asperg stehen bei allen Kennern in einem guten Ruf.

59. Bild aus der Weinlese 1928. Die Trauben waren gerade mit dem Wagen vom Weinberg in die Scheuer geführt worden und bildeten so eine willkommene Gelegenheit von ihnen zu kosten, ehe sie im anstehenden Feldzuber durchgetreten wurden, um Maische zu bekommen.

60. Das Gasthaus 'Adler' ging am 25. Mai 1897 von dem Metzger Friedrich Groß auf Christian Ottenbacher, Metzger und Wirt, gebürtig von Hoheneck, über. Am 1. Oktober 1897 eröffnete Ottenbacher seinen Betrieb, der sich bald eines regen Besuches erfreuen durfte, zumal, der damaligen Zeit entsprechend, eine Gartenwirtschaft mit Gartenhalle damit verbunden war. Im Oktober 1930 übergab er den 'Adler' seinem Sohn Richard, der 1938 die erste Erweiterung der Räumlichkeiten vornahm. Der 'Adler' wurde, heute noch im Familienbesitz, später zum Hotel erweitert und ist heute weit über die Grenzen Baden-Württembergs hinaus als gepflegte Gaststätte bekannt.

61. Schon seit dem 19. Jahrhundert wurde der Gips im Gipskeuper des Hohenasperges von zahlreichen Gipsmüllern in Asperg abgebaut. Um die Jahrhundertwende wurde eine eigentliche Gipsindustrie ins Leben gerufen. Die gegenüber dem Bahnhof erbaute Gipsfabrik von Susset ging dann in den Besitz von Eugen Weidner. Aus der Fabrik entstand ein Industriewerk für die Herstellung von Gips und Gipsdielen. Eine eigene Zweigbahn wurde bis zum Steinbruch hinter dem Asperg, wo dann später die Brennöfen waren, im Jahr 1923 erbaut. Infolge anderwärtiger Baumaterialien war die Herstellung von Gipsdielen mehr und mehr eingeschränkt worden und mit dem 3. Oktober 1939 war das Ende der Gipsgewinnung erreicht und das Gewerbe eingestellt worden.

62. Druckerei Karl Wolf im Jahr 1920, mit alter Buchdruckschnellpresse zur Herstellung des 'Strohgäu-Boten' und weiterer Drucksachen. Bis zum Jahre 1950 wurde diese Presse verwendet.

63. Dieses Bild zeigt, wie die Setzerei in der Druckerei Wolf im Jahre 1917 ausgesehen hat. Hier wurde der 'Strohgäu-Bote' zunächst gesetzt und hernach gedruckt. Da es ja die Zeit des Ersten Weltkriegs war, sind nur wenige Arbeitskräfte vorhanden. Es waren dies damals, von rechts nach links: Helene Kammerer, Maria Wörner, Fritz Vahinger und Karl Erfle.

64. Belegschaft der Firma 'Buchdruckerei Karl Wolf' in der Zeit zwischen September 1916 und Juli 1919. Da der Betriebsinhaber zum Kriegsdienst eingezogen wurde, führte die Frau des Firmeninhabers das Geschäft während dieser Zeit. Auch die Betriebsangehörigen waren vorwiegend Frauen. Fritz Vaihinger und Karl Erfle waren die einzigen männlichen Beschäftigten. Die weiblichen Betriebsangehörigen waren, von rechts nach links: Maria Wolf, Maria Wörner, Klara Brenner und Helene Kammerer.

65. Das Gebiet um die Landeshauptstadt Stuttgart eignete und eignet sich vorzüglich dank seines günstigen Klimas für den Gartenbau. Dies nützte Gärtnermeister Wilhelm Kaiser im ersten Jahrzehnt unseres Jahrhunderts aus, um an der Eglosheimerstraße eine Gärtnerei mit Gewächshäusern anzulegen. Es war ein schwerer Anfang, besonders zu Zeiten des Krieges und der Inflation, und bis in die zwanziger Jahre fuhr Frau Kaiser mit ihren gärtnerischen Erzeugnissen mit der Eisenbahn zum Stuttgarter Wochenmarkt. Auf dem Bild sehen wir das Ehepaar Kaiser bei Arbeiten im Vorfrühling an den Frühbeeten.

66. Der Gärtnereibetrieb Wilhelm Kaiser hatte sich bis in die dreißiger Jahre zu einem Familienbetrieb erweitert und alle Familienglieder arbeiteten gemeinsam an der Weiterentwicklung des Unternehmens. Auf dem linken Bild sehen wir Sohn und Schwiegersohn bei der Arbeit am Frühbeetkasten, auf dem rechten Bild sind Großmutter und Mutter glücklich über den kleinen Erdenbürger, der seine ersten Gehversuche zwischen den Frühbeeten mit aller Vorsicht unternimmt.

67. Drehermeister Ernst Kammerer, geboren 1863, gestorben 1941, liebte es im Feierabend in seinem Garten die Blumen zu pflegen. Hier sehen wir ihn beim Rosenschnitt, zirka 1930.

Monrepos

68. 'Monrepos', Schloß und See, ist ein Kleinod unseres Landes und ein beliebtes Ausflugsziel der Asperger Bevölkerung. Aus einem ehemaligen Seehaus wurde nach 1760 ein Seeschloß erbaut. Zwischen 1801 und 1804 ließ Herzog Friedrich, der nachmalige König, das unter Herzog Carl Eugen vernachlässigte Schlößchen instandsetzen und anstelle des Pferdestalles eine Meierei erbauen. Im Jahr 1829 ging dann das ganze 'Seegut' an das Haus Württemberg über.

69. Eine Bootsfahrt auf dem See vor dem Schloß 'Monrepos' im Jahre 1922.

70. Der Bauer und Weingärtner Friedrich Müller war im Nebenberuf Fuhrmann. Die Aufnahme stammt aus der Zeit um 1920.

71. Die Autozeit hatte begonnen. Auch in Asperg entschlossen sich manche Familien dieses Verkehrsmittel zu kaufen und zu benützen. Dies tat auch Adolf Uhl im Jahr 1926 und wir sehen auf dem Bilde, wie er sich im Jahre 1929 anschickt mit seiner Familie einen Ausflug zu unternehmen.

72. Asperg mit Hohenasperg inmitten weiträumiger Ackerflächen, wie es um 1925 von der südlich gelegenen Hochfläche noch zu sehen war. Damals besaßen noch viele Industriearbeiter neben den örtlichen Handwerkern kleineren Grundbesitz, den sie mit ihren Familienangehörigen im Feierabend bewirtschafteten.

73. Die Königstraße mit dem sogenannten 'Weiß'schen Haus'. Dieses Haus aus der Zeit nach dem Dreißigjährigen Krieg und das daneben liegende Haus mußten dem Durchbruch der Lehenstraße zur Königstraße weichen. Auch das Wirtshausschild des 'Waldhorns' ist heute nicht mehr zu sehen. Die Aufnahme stammt aus den zwanziger Jahren!

74. Häuser an der Ecke Königstraße-Markgröningerstraße, aus dem 19. Jahrhundert und früher, die 1961 abgebrochen wurden.

75. Zwecks Behebung der Wohnungsnot war ein Einwohner 1920 auf den Gedanken gekommen, zwei ausgediente Eisenbahnwagen zu kaufen, sie zusammenzusetzen und daraus ein Wohnhaus in der südlichen Allenstraße zu erstellen.

76. Unweit der Kirche stand bis Ende der Mitte unseres Jahrhunderts das 'Fink'sche Haus'. Um einen freien Platz bei der Kirche und zugleich einen Parkplatz zu bekommen wurde es abgebrochen, samt dem dahinter liegenden alten Schulhaus.

77. Nachdem im Dezember des Jahres 1897 die Gründungsversammlung des Spar- und Darlehenskassenvereins stattgefunden hatte, wickelte sich vom Jahr 1898 an der gesamte Geschäftsverkehr im Hause des Rechners Wilhelm Gerber in der Lehenstraße ab. Im Jahr 1929 gelang es dem Bankunternehmen die Parterre-Wohnung samt der angrenzenden Scheuer in der Bahnhofstraße zu mieten. Das um die Jahrhundertwende erbaute Haus hat bis heute seine äußere Form erhalten. Nachdem die 'Asperger Bank' im Jahr 1963 ein eigenes Grundstück erworben hatte, das sie später dann umbaute, wurde in den bisher gemieteten Räumen vom Besitzer das 'Bürgerstüble' als Gaststätte eingerichtet.

78. Einmündung der Lehenstraße in die Königstraße. Hier war einst das Ende der städtischen Siedlung. Die Häuser auf der rechten Straßenseite sind heute nicht mehr vorhanden, sie wurden abgebrochen, um eine Erweiterung der Straße für den Verkehr zu ermöglichen und einen modernen Neubau zu erstellen.

79. Das alte Pfarrhaus aus der Zeit nach dem Dreißigjährigen Krieg. Es befindet sich heute in Privatbesitz, da 1865 ein neues Pfarrhaus gebaut wurde.

80. Die evangelische Michaelskirche aus dem Baujahr 1557, damals als Chorturmkirche erbaut und in den folgenden Jahrzehnten bis zu Beginn des Dreißigjährigen Krieges erweitert. Seit dieser Zeit hat sich das äußere Bild dieser Kirche nicht wesentlich verändert und erst nach dem Zweiten Weltkrieg wurde sie gegen Westen erweitert und in ihrem Innern erneuert. Die Ansichtskarte stammt aus der Zeit vor dem Ersten Weltkrieg.

81. Als Abschluß der Schulzeit in der Volksschule wurde in den Gemeinden des Landes Württemberg, soweit diese evangelisch waren, die Konfirmation gefeiert. Schon zurvor hatte der Klassenlehrer die Lieder für die kirchliche Feier eingeübt und in festlichem Zuge ging es am Konfirmationsmorgen zur Kirche. Auf dem Bild sehen wir die Konfirmanden des Geburtsjahrganges 1870 mit ihrem Lehrer, dem Schulmeister Niefer, am Konfirmationstag 1884.

82. Der im Jahr 1906 von Stadtpfarrer Herwig gegründete 'Jünglingsverein' hatte im Laufe der Jahre aus seinen Reihen einen Posaunenchor gebildet. Die Mitglieder dieses Posaunenchors sind auf diesem Bild aus dem Jahr 1922 dargestellt. Seit dem 1. Mai 1925 führte der Verein den Namen 'Jungmännerbund Asperg', heute den Namen 'CVJM'.

83. Aspergs erster 'Kirchenchor', gebildet von Mitgliedern des Gesangvereins, nach dem Ersten Weltkrieg.

84. Am 29. Januar 1901 wurde von den Gemeindekollegien beschlossen, eine Kleinkinderschule zu errichten, auf 1. Mai 1901 eine methodisch geprüfte Lehrerin anzustellen, den Unterricht, zu welchem in der Regel nur Kinder vom 3. bis 7. Lebensjahr zugelassen werden, unendgeldlich erteilen zu lassen und zu den Kosten um einen Beitrag bei dem Herrn Geheimen Kommerzienrat Hermann Franck in Ludwigsburg zu bitten und wegen Anstellung einer Lehrerin sich an die Anstalt in Großheppach zu wenden. Nachdem Kommerzienrat Franck einen namhaften Beitrag gestiftet hatte, wurde mit dem Bau begonnen. Im Jahr 1902 war das neue Gebäude fertiggestellt und dieses Bild zeigt die Kleinen im Jahr 1905 unter der Betreuung von Kinderschwester Hilzinger.

85. An Georgi 1907 wurden die Schulanfänger des Jahrgangs 1900 in die Schule aufgenommen. Lehrerin dieser Abc-Schützen war Fräulein Schürger.

86. Angehörige des 'Honorationen-Kränzchens' auf einem Ausflug um 1912. Links stehend Dr. med. Emil Ludwig, neben ihm Sanitätsrat Dr. Staiger vom Hohenasperg, rechts außen Fabrikant Weidner und neben ihm Rektor Bähr.

87. Die Schüler und Schülerinnen des Geburtsjahrganges 1900 vor der Schillerschulle in der Zeit vor dem Ersten Weltkrieg.

88. Die Schulneulinge 1933, Angehörige der Jahre 1926/1927, mit ihrem Lehrer Oberlehrer Elsenhans.

89. Während des Krieges 1870/1871 waren die kriegsgefangene Franzosen auf dem Hohenasperg untergebracht. Während der Gefangenschaft starben einige von ihnen, die in Einzelgräbern bestattet wurden. Einige Jahre nach Kriegsende wurden sie in ein Sammelgrab umgebettet. Dieses Grab ist heute noch auf dem Asperger Friedhof zu sehen. Die Pflege hat die Stadt Asperg übernommen.

90. Hinter dem Hohenasperg befindet sich eine natürliche Quelle. Sie wurde gefaßt und an dem 'Brünnele' holten sich viele Asperger, besonders nach dem Zweiten Weltkriege, ihr Trinkwasser, dem sie besondere Heilkraft zutrauten.

91. Ein Sühnekreuz aus früherer Zeit in einer Weinbergmauer am 'Sattel' zwischen Asperg und Tamm, das heute noch zu sehen ist. Die Sage berichtet darüber: Vor langen Jahren kam ein Schäfer mit seinen Schafen von Asperg die Steige herauf. Auf dem Sattel, dem westlichen Ausläufer des Hohenasperges, begegnete ihm ein Schäfer mit seiner Herde von Tamm herkommend. Die Straße war zu schmal, um beiden zu gleicher Zeit Durchfahrt zu gewähren. Keiner wollte weichen, und die Schafe liefen zusammen. Nun gerieten die Schäfer in Streit, wobei einer den andern erstach. Ihnen zum Gedenken wurde dieses Sühnekreuz an dieser Stelle errichtet.

92. Dieses Bild der sogenannten 'Juristischen Linde' habe ich im Vorfrühling 1923 aufgenommen, als noch der Bauschutt und das Baumaterial für den Aufbau des am 21. November 1921 abgebrannten Filialbaues im Festungshof lagerten. An dieser Linde wurden im Jahr 1755 die Rädelsführer einer Meuterei auf dem Hohenasperg in Gegenwart der gesamten Mannschaft am 21. Juli abends um sechs Uhr gehenkt. Seit dieser Zeit grünte diese Linde inmitten des Festungshofes, bis ihr ein Sturmwind am 7. Januar 1958 den Garaus bereitete und sie zu Fall brachte.

FESTUNG HOHEN-ASPERG

93. Diese Ansichtskarte aus der Zeit vor dem Ersten Weltkrieg zeigt den Westhang des Hohenasperges, ehe nach 1923 das Gelände vor dem Löwentor überbaut wurde. Die teilweise früher hier vorhandenen unterirdischen Festungswerke und die zahlreichen Erdfälle, Dolinen, die hier im Gipskeuper vorkommen, gaben Anlaß zur Sage eines unterirdischen Ganges von Markgröningen zur Festung Hohenasperg.

Feste Hohen-Asperg aus der Vogelschau

94. Diese Aufnahme aus der Vogelschau stammt aus dem ersten Jahrzehnt unseres Jahrhunderts. Rechts sehen wir den Wasserturm, der zu einem Aussichtsturm erweitert worden war und in dessen Grundgemäuer sich das Schubartgefängnis befindet. Nach links schließt sich an der Kasernenbau (Filialbau), das Festungstor, der Kellereibau mit Gastwirtschaft. Auf der Westseite der Arrestantenbau (Spital), dann der eigentliche Spital- oder Invalidenbau und der Kommandantenbau, damals als Irrenbau verwendet. Auf der Südseite schließt sich dann der Arsenalbau oder Festungsbau an.

Festungsgefängnis Hohenasperg

95. Auf dem Bild sehen wir die gegen den Innenhof gerichtete Seite des Arsenalbaues, der ganz früher wegen der dort verwahrten Waffen auch Zeughaus genannt wurde. Später waren in ihm Festungsgefangene, Duellanten, untergebracht, weshalb er auch Festungsbau genannt wurde. Im Dachstock befand sich um diese Zeit, 1910, die Arztwohnung. In einem dunklen Raum gegen den links sich anschließenden Stall war der Jude Süß 1737/1738 gefangen gehalten, ehe ihm der Prozeß gemacht worden war.

HOHENASPERG-LUDWIGSBURG.

96. Der Hohenasperg vor dem Ersten Weltkrieg.

97. Der Hohenasperg mit seinen Besonderheiten, wie er sich vor dem Ersten Weltkrieg dem Besucher zeigte.

98. Der 'Hohenasperg', wie er vor dem Ersten Weltkrieg ausgesehen hat. In der oberen Ecke eine Abbildung des 'Schubart-Gefängnisses'. Auf dem Hohenasperg hat der Dichter Christian Friedrich Daniel Schubart zehn Jahre seines Lebens, vom 23. Januar 1777 bis 11. Mai 1787, seiner Freiheit verlustigt, als Staatsgefangener des Herzogs Karl Eugen zugebracht, davon 377 Tage allein in diesem Raum. Am 3. Februar 1778 wurde ihm dann ein freundlicheres Zimmer im sogenannten 'Arsenalbau' angewiesen.

Festungstor, Hohenasperg.

99. Das Löwentor am Aufgang zur Festung Hohenasperg. Es wurde unter der Regierung von Herzog Wilhelm Ludwig um 1675 erbaut. Die Aufnahme stammt aus der Zeit um 1925 und es ist ersichtlich, daß das Tor einer gründlichen Erneuerung bedurfte, die Anfangs der siebziger Jahre durchgeführt wurde.

100. Eingang zur Festung Hohenasperg. Anstelle einer früheren Zugbrücke war im 19. Jahrhundert diese feste Brücke erbaut worden. In den Kasematten in der Umfassungsmauer wurden während des Dreißigjährigen Krieges die Truppen kaserniert, während ihre Pferde im Wallgraben untergebracht waren. Das Tor stammt noch aus der Zeit, als Herzog Ulrich sein Land nach der Schlacht bei Lauffen wieder in Besitz nehmen konnte. Heute ist im Turm eine Gaststätte untergebracht.

101. Nachdem Herzog Ulrich 1534 in der Schlacht bei Lauffen/N. sein Land wiedergewonnen hatte, erbaute er auf dem Hohenasperg anstelle der früheren Burganlagen und des daneben erbauten Städtchens eine Festung, von der heute noch das Festungstor erhalten geblieben ist. Das äußere Tor, das im Bild um 1925 festgehalten worden war, wurde anfangs der siebziger Jahre instandgesetzt und in den beiden oberen Stockwerken eine Gaststätte eingerichtet. Auch das innere Tor bedurfte einer gründlichen Erneuerung, die im Zusammenhang mit der Einrichtung einer Gaststätte erfolgte.

102. Im Festungshof der Hohenasperg vor dem Ersten Weltkrieg.

103. Der Wasserturm für die Wasserleitung auf dem Hohenasperg. Unter demselben das Schubartgefängnis, in dem der Dichter als Staatsgefangener nach seiner Gefangennahme zunächst untergebracht worden war.

104. Kriegsgefangene Franzosen aus dem Ersten Weltkrieg, auf dem Hohenasperg gefangen gehalten, beim morgendlichen Ausgang im Winter 1914/1915. Die ersten 303 Mann waren am 13. August 1914 und noch am selben Tage weitere 102 Mann vom Kriegsschauplatz Mühlhausen im Elsaß auf dem Hohenasperg verbracht worden. Weitere Gefangene wurden in den folgenden Tagen auf dem Berg eingeliefert.

105. Kriegsgefangene Franzosen, die während des Ersten Weltkrieges in der Festung Hohenasperg untergebracht waren, bei Antritt eines Morgenspaziergangs vor dem Löwentor.

106. Kriegsgefangene Franzosen aus der Zeit von 1914 ff., die in der Festung Hohenasperg untergebracht waren, auf dem Weg zur Arbeit.

107. Französische Kriegsgefangene aus den ersten Tagen des Ersten Weltkrieges, die auf dem Hohenasperg untergebracht waren, pflanzten im November 1914 auf dem Gemeindeplatz an der Straße nach Hohenasperg eine Linde und stellten dabei eine Bank auf. Die hierdurch entstandenen Kosten wurden aus freiwilligen von den französischen Kriegsgefangenen gespendeten Beiträgen bestritten.